和尚皇帝
——朱元璋

◎ 主编 金开诚

◎ 编著 张 皓

吉林文史出版社

吉林出版集团有限责任公司

图书在版编目（CIP）数据

和尚皇帝——朱元璋 ／ 张皓编著. —长春 ：
吉林出版集团有限责任公司，2011.4（2023.4重印）
ISBN 978-7-5463-4957-2

Ⅰ. ①和… Ⅱ. ①张… Ⅲ. ①朱元璋（1328～1398）
—生平事迹 Ⅳ. ①K827=48

中国版本图书馆CIP数据核字(2011)第053409号

和尚皇帝——朱元璋

HESHANG HUANGDI ZHUYUANZHANG

主编／金开诚 编著／张 皓
项目负责／崔博华 责任编辑／崔博华 邱 荷
责任校对／邱 荷 装帧设计／李岩冰 刘冬梅
出版发行／吉林出版集团有限责任公司 吉林文史出版社
地址／长春市福祉大路5788号 邮编／130000
印刷／天津市天玺印务有限公司
版次／2011年4月第1版 印次／2023年4月第4次印刷
开本／660mm×915mm 1/16
印张／9 字数／30千
书号／ISBN 978-7-5463-4957-2
定价／34.80元

前 言

　　文化是一种社会现象，是人类物质文明和精神文明有机融合的产物；同时又是一种历史现象，是社会的历史沉积。当今世界，随着经济全球化进程的加快，人们也越来越重视本民族的文化。我们只有加强对本民族文化的继承和创新，才能更好地弘扬民族精神，增强民族凝聚力。历史经验告诉我们，任何一个民族要想屹立于世界民族之林，必须具有自尊、自信、自强的民族意识。文化是维系一个民族生存和发展的强大动力。一个民族的存在依赖文化，文化的解体就是一个民族的消亡。

　　随着我国综合国力的日益强大，广大民众对重塑民族自尊心和自豪感的愿望日益迫切。作为民族大家庭中的一员，将源远流长、博大精深的中国文化继承并传播给广大群众，特别是青年一代，是我们出版人义不容辞的责任。

　　本套丛书是由吉林文史出版社和吉林出版集团有限责任公司组织国内知名专家学者编写的一套旨在传播中华五千年优秀传统文化，提高全民文化修养的大型知识读本。该书在深入挖掘和整理中华优秀传统文化成果的同时，结合社会发展，注入了时代精神。书中优美生动的文字、简明通俗的语言、图文并茂的形式，把中国文化中的物态文化、制度文化、行为文化、精神文化等知识要点全面展示给读者。点点滴滴的文化知识仿佛颗颗繁星，组成了灿烂辉煌的中国文化的天穹。

　　希望本书能为弘扬中华五千年优秀传统文化、增强各民族团结、构建社会主义和谐社会尽一份绵薄之力，也坚信我们的中华民族一定能够早日实现伟大复兴！

目录

一、早年生活

　　明太祖朱元璋是明朝的开国皇帝，也是继汉高祖刘邦以来第二位平民出身并且统一全国的君主。

　　元朝天顺帝天顺元年 (1328年) 九月十八日朱元璋出生在淮北一个贫苦的农民家里。他家祖祖辈辈给地主当佃户，他也从小为地主放牛，生活十分困苦。17岁那年，淮河流域发生旱灾、蝗灾和瘟疫，朱元璋的父亲、长兄和母亲先后去世，他失去了生活的依靠，只得到附近的皇觉寺去当小行童。不久，皇觉寺因缺粮关门，朱元璋又断了生路，只好带上一个小木鱼和一只瓦钵，到淮西一带去游方化缘，过了三年，才回到寺里。

那时候，正处于元末社会矛盾普遍激化的年代。当时，元政府的赋税、徭役剥削极其沉重。蒙、汉和其他各族的贵族、官僚、大地主及寺院又疯狂地兼并土地，追加地租，奴役佃户及其子女，甚至将佃户随田转卖。加之朝政腐败、管理贪暴和连年不断的风、雪、水、旱灾害，广大

汉族农民纷纷破产，流民遍布各地，就连蒙古族的劳动者也日趋贫困，纷纷沦为奴婢。与之而来的，是日益深重的民族压迫。元朝建立后，统治者把全国各族人民划为蒙古、色目（包括西域各族人和西夏人）、汉人（包括原来金朝统治下的汉族和契丹、女真等族人）和南人（包括原来南宋统治下的汉族和其他各民族）四等，四等人的政治地位各不相同，蒙古人最高，色目人次之，南人最为低下。元朝末年，由于起义反抗的多为汉人、南人，元朝政府又重申原来规定的汉人不得执兵器、不得执寸铁的禁令，有的大臣甚至还提出了杀绝张、王、刘、李、赵五大姓南人的主张。

广大的农民不堪忍受元朝残酷的阶级压迫和民族压迫，纷纷揭竿而起。元顺

帝至正十一年 (1351年)，农民领袖刘福通在颍州 (今安徽阜阳) 利用民间秘密宗教组织白莲教，发动农民起义，组织红巾军。接着，彭莹玉、徐寿辉也在湖北组织红巾军起义。除红巾军以外，土豪方国珍、盐贩张士诚也先后在浙东和苏北起兵反元。起义的烈火，迅速席卷大江南北。

就在刘福通起义的第二年二月，定远土豪郭子兴在濠州起兵响应，袭击杀死了当地的州官，占领了濠州城。濠州附近的元朝官军不敢同起义军交战，便四处捉拿百姓，充作红巾军的俘虏，向上报功请赏。老百姓无处藏身，纷纷前往濠州投奔红巾军。在濠州参加起义的一位朋友，捎信劝朱元璋前去投奔。不料这事被旁人发觉，扬言要向官府告发。恰在这个时候，皇觉寺又被大火焚毁，使朱元璋失去了生活的依靠。朱元璋走投无路，便在三月初一，到濠州投奔了郭子兴的队伍。

二、投军从戎

(一) 投奔郭子兴

参加起义后，朱元璋刻苦学习武艺，进步很快，每次作战他都表现得很勇敢、很有计谋，因而深得郭子兴的赞赏，被调到身边当亲兵，担任九夫长，并娶郭子兴养女马氏为妻。此后，有要紧的事情，郭子兴都找他商量，有重要的战斗任务，也常常交给他去完成。朱元璋每次奉命出征，都身先士卒，冲锋在前，得到战利品，自己分文不取，全部分给部下，士卒深受鼓舞，无不英勇杀敌，所以每战必胜。后来，朱元璋回到家乡，招募七百名农民，又陆续收编了附近的几支地主武装，严加训练，培养了一批骨干力量和一支三万人的精兵，一举攻克定远、滁州（今安

徽滁县)，更加受到郭子兴的器重，很快
被提拔为镇抚、总管。至正十五年 (1355
年)，郭子兴派其妻弟张天祐等人攻占和
州 (今安徽和县)，任命朱元璋为总兵官。
和州诸将成分复杂，纪律也差，出征时往
往乱抢乱杀，掠夺人口，霸占民女。他们
又欺负朱元璋年轻，不把他放在眼里，每
次商议事情都抢占上席，而把最末一个座
位留给朱元璋。朱元璋决心改变这种状
况。有一天，他把将领们找来商议修建城
池的事情，约定每人负责一段，限三天之

内完工。届时只有朱元璋的一段修完，其他几段均未完工，他拿出郭子兴的令牌，严厉地说："我这个总兵官是郭元帅任命的，不是自己封的。既然当这个官，就得负起责任，对大家不能没有约束。现在修建城池，大家不按时完工，万一敌人来攻，我们怎么对付？今后再有违抗命令的，一概按军法处置！"诸将理屈词穷，连声说："是，是！"接着，朱元璋下令释放掠夺来的百姓妻女，他们都一一照办了。部队的纪律从此开始好转，朱元璋的威信也逐步树立起来了。

不久，郭子兴病死，刘福通建立了宋政权，任命朱元璋为这支部队的左副元帅。

(二) 建立根据地

和州东南紧靠长江, 城郭小, 驻军多, 遭到元兵的几次进攻, 发生了粮荒。朱元璋带兵横渡长江, 攻占了南岸的太平 (今安徽当涂)。太平离集庆 (今江苏南京) 很近, 之前攻占定远的时候, 儒士冯胜就建议他攻取集庆, 说:"这个城市龙盘虎踞, 是帝王之都, 应该占领下来作

为立足基地，然四处征伐，讲仁义，收人心，不贪子女玉帛，天下不难平定。"占领太平后，儒士陶安又提出类似的建议。至正十六年（1356年）三月，朱元璋便带兵攻占集庆，改集庆路为应天府，向宋政权报捷。宋政权的小明王韩林儿让他在应天设立江南等处行中书省，任命他为行省的最高长官平章。

朱元璋占领应天和它周围的一些据点，有了一个立足的基地，但地狭粮少，兵力和地盘也不如徐寿辉、陈友谅和张士诚，政治威望和影响也不如小明王，

处境还是比较危险的。不过，在北面，宋
政权领导的北方红巾军吸引着元朝官军
和地主武装的绝大部分兵力；在西面，徐
寿辉和他的部将陈友谅领导的南方红巾
军，牵制着长江中游的元军；在东面，非

红巾军系统的张士诚还没
有投降元朝。这恰好为朱
元璋筑起了三面屏障，
对他是十分有利的。他

果断地做出巩固东、西两线，出击东南的
战略决策。在北线，只留部分兵力维持地
方治安。在东线，先派兵攻占镇江以确保
应天的安全，然后派人与张士诚通好。张
士诚自恃地富粮足，拒绝他的通好要求，
出兵进攻镇江。朱元璋派兵还击，攻占
太湖以东地区，从江阴沿太湖至长兴筑
起一道坚固的防线，挡住了张士诚西犯
的门路。在西线，派兵攻占池州作为应天

的屏障，此后他也对徐寿辉采取防守势态。主要兵力则集中到东南一线，向南面和东南面出击，夺取孤立、分散的元军据点。至正二十年 (1360年) 五月，朱元璋的军队已经陆续攻克了皖南和浙东的许多地方，迅速扩大了他的占领区。

在集中兵力向东南一线出击的同时，朱元璋抓紧时机，积极营建以应天为中心的根据地，为逐鹿中原做准备。经过几年来的反复较量，元朝的官军、地主武装和农民起义军双方各自形成了几个势均力敌的武装集团。朱元璋起义较晚，实力较小，要想逐一消灭对手，进而推翻元朝，必须准备进行长期的艰苦斗争，因而需要有一个稳固的战争基地为之提供物力、财力和兵力。郭子兴死后，他执行冯胜的建议，攻占应天及其周围据点，开始着手经营这个基地。至正十七年 (1357年)，朱元璋在攻占徽州 (今安徽歙县) 后，亲至石门山拜访老儒朱升，

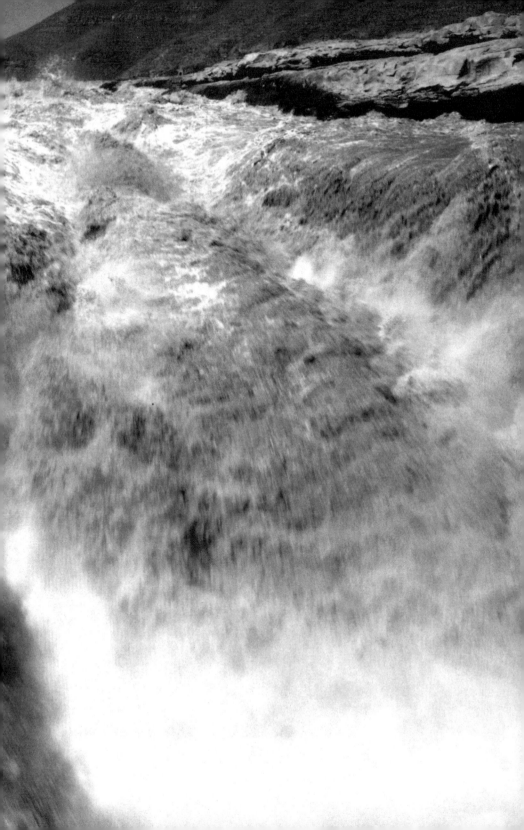

向他请教夺取天下的计策。朱升回答他三句话:"高筑墙,广积粮,缓称王。"意思是说:要扩充兵力,巩固后方;发展生产,储备粮食;不图虚名,暂不称王。总之,就是要埋头苦干,建设一个稳固的战争基地。朱元璋认为他的话很有道理,立即提出一个在两淮江南地区"积粮训兵,待时而动"的方针,进一步加强根据地的建设。

　　朱元璋深知，"兴国之本，在于强兵
足食"。他首先抓紧军队的建设，经常命
令部将带领士兵进行军事训练，提高作
战本领。他尤其重视军事纪律的训练和
整顿，强调要"惠爱加于民，法度行于
军"，要求全体将士严守纪律，爱护百姓，
如有违犯，则严惩不贷。亲征婺州时，他
派骑兵带着令牌传告全军："不准乱杀无
辜，不准掠夺妇女，不准焚烧房屋，违令

者斩!"随同出征的亲随黄某抢劫民财,即被斩首示众。为了发展自己的势力,朱元璋还注意礼贤下士,招揽人才。攻下浙东后,刘基、叶琛、宋濂、章溢等四大名士应聘至应天,朱元璋特地筑礼贤馆,请他们住到里面,做自己的顾问。其次,朱元璋又大抓农业生产。他设置营田司,任命康茂才为营田使,负责兴修水利;派遣儒生,到各地劝课农桑;命令军队在江

阴、龙江等处屯田,边打仗边生产;推行民兵制度,组织农村丁壮,一面练武,一面耕种,兵农兼资。在发展生产的同时,朱元璋又设法减轻百姓的负担,征派民间粮税、军需和差役皆"务从宽减",并多次下令蠲免税粮差役。此外,朱元璋还注意讲究斗争策略。为了避免树大招风,他在形式上一直对小明王韩林儿保持臣属关系,使用的都是宋政权的龙凤年号,打的是红巾军的红色战旗,连斗争口号也不改变，占领婺州（今浙江金华）时他树起"山河奄有中华地，日月重开大宋天"的大旗，与刘福通树起的"直抵幽燕之地，重开大宋之天"的旗号是一致的。朱元璋担任的职务，从江南行省平章到后来的吴国公，都是小明王韩林儿封的。直到消灭陈友谅，北方红巾军也失败以后，

他才称吴王，但发布文告，第一句话还写"皇帝圣旨，吴王令旨"，表示自己仍是小明王韩林儿的臣属，免得引人注目，遭受打击。经过多年的努力，朱元璋逐步巩固和发展了自己的根据地，兵强马壮，粮食充足，已经可以同其他几支势力相匹敌了。

(三) 征讨四方

至正二十年 (1360年) 闰五月, 陈友谅杀害徐寿辉, 自称皇帝, 建国号汉, 约同张士诚夹攻朱元璋。朱元璋立即实行战略转移, 改取固守东南、向东北和西线出击的方针, 开始与群雄逐鹿中原。

陈友谅兵多将广, 顺长江而下, 来势汹汹。应天的文武官员惊慌失措, 有的主

张投降，有的主张放弃应天，也有的主张抵抗，但建议先取据有苏湖肥饶之地的张士诚，再回头对付陈友谅。独有刘基指出："早先我就说过，张士诚目光短浅，只满足于割据一方，没什么可怕；陈友谅挟持徐寿辉以令群臣，名号不正，又占据上流，没有一天不想消灭我们，应该先把他消灭掉。陈友谅一灭，张士诚孤立，我们就可以轻而易举地把他消灭。然后再北向中原，必定可成王业。现在陈友谅打来了，我们就要坚决回击，主张投降或者是主张逃跑的，应该立即斩首。"朱元璋问他："对陈友谅的这场仗应该怎么打？"他的回答是："陈友谅自恃人多势众，骄傲轻敌，待他深入我方境内，用伏兵截击，很容易把他打败。"朱元璋觉得刘基的话很有道理。他也看出陈友谅骄傲轻敌，好生事端，如果先打张士诚，陈友谅一定倾巢来犯，直逼应天，自己两面受敌，必定非常被动；而张士诚狡猾胆小，目光短浅，如果先打陈友谅，张士诚肯定不会越过平江（今江苏苏州）一步，

出兵相助陈友谅，自己则可集中兵力对付陈友谅，这仗就好打多了。于是，他采纳刘基的意见，把主力放在西线，在应天附近的龙江设伏击败了陈友谅。张士诚慑于形势，果然未敢轻举妄动。过了三年，陈友谅倾其全部兵力，统兵六十万包围洪都（今江西南昌），以报龙江之仇。朱元璋亲自率领二十万大军救援洪都，陈友谅退至鄱阳湖迎战，惨遭失败，被流矢射死。朱元璋进克武昌，俘虏其子陈理而

归。接着，朱元璋又挥师东向，于至正二十七年 (1367年) 消灭张士诚，并迫降方国珍。至此，长江中下游这块全国最肥沃富饶、人口最稠密的地区，已经尽归朱元璋所有。

在出兵方国珍的同时，朱元璋审时度势，果断地决定了南征北讨的大计。他分出部分兵力，用四年的时间先后削平了福建、两广等地的割据势力。主要

兵力则用来北伐，同元朝政权进行最后的决战。

元朝政权虽然依靠地主武装，在至正十九年 (1359年) 攻陷了宋政权的都城汴梁 (今河南开封)，后又联合张士诚的部队，袭破宋政权的最后一个据点安丰 (今安徽寿县)，把北方红巾军镇压下去，但是它的统治基础薄弱，也在各支起义军，特别是北方红巾军的沉重打击下，趋于瓦解。此时，它依靠几支地主武装来支撑残局，内部派系林立、矛盾重重，已经是不堪一击。

至正二十七年 (1367年) 十月，朱元璋派徐达、常遇春率领大军北伐。大军出发前，他亲自制订了一个周密的作战计划："先取山东，撤除大都的屏障；再回师河南，剪掉它的羽翼；夺取潼关，占据它的门槛。如此一来，天下形势已经为我所掌握，然后进兵大都，元朝势孤援绝，可不战而克。拿下大都，再挥师西进，山西、陕西和甘肃一带，便可席卷而下。"他发布讨元檄文，提出"驱逐胡虏，恢复中华，立纲陈纪，救济斯民"的口号，以争取北方

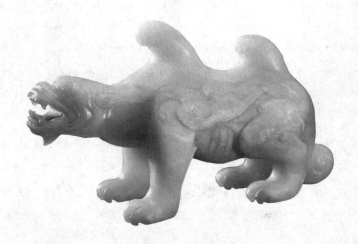

汉族地主的支持, 宣布"蒙古、色目人, 虽非华夏族类, 但同生于天地之间, 如果能有知礼义, 愿意做我臣民, 将同华夏之人一样受到安抚", 以争取蒙古部众, 分化元朝统治集团。徐达、常遇春按照朱元璋的作战计划, 统兵北上, 所向披靡, 元朝的将领纷纷归附。短短几个月, 北伐军即下山东, 取汴梁, 克潼关, 对大都形成三面包围之势。元顺帝眼看大势已去, 慌忙带着后妃、太子北逃。第二年八月, 徐达统领大军进入大都, 元朝政权终于被推翻。接着, 徐达、常遇春领兵西进, 至洪武三年 (1370年) , 已经基本上攻占了北方各省。洪武四年 (1371年)，朱元璋又派水陆两路大军，分别从瞿塘和秦、陇攻入四川，迫降夏国主明升，平定了四川。洪武十四年 (1381年)，再进军云南，据守云南的元将梁王把匝剌瓦尔密兵败自杀，云南也于第二年平定。洪武二十年 (1387年)，朱元璋又派遣冯胜、傅友德、蓝玉北攻辽东，元朝丞相纳哈出力竭而降。至此，除了漠北地区和新疆等地，全国基本

上实现了统一。

至正二十八年
(1368年) 正月, 就
在徐达统领北伐大
军攻克山东的凯歌
声中, 朱元璋在应
天登上帝位, 国号
大明, 建元洪武, 以
应天为京师, 一个新的封建王朝建立起
来了。

三、建立明朝

(一) 加强集权, 整顿吏治

朱元璋登基以后, 每天天不亮就起床办公, 接见大臣, 批阅奏章, 一直忙到深夜, 没有休息, 也不讲究文化娱乐。他兢兢业业, 一心想着如何巩固统治, 使朱家王朝得以万世长存。

明朝刚刚建立时, 社会矛盾还很尖锐。由于那些旧地主和战争后涌现出来的新地主拼命追求土地和财富, 并用隐瞒土地和丁口等等办法, 逃漏赋税徭役, 把负担转嫁给农民, 功臣宿将也倚仗权势, 违法乱纪, 贪污腐化, 刚刚缓和下来的阶级矛盾又日趋激化, 小股的农民起义不断发生, 再加上统治阶级内部的各派系势力互相争权夺利, 北方元朝的残余势力经常南下骚扰, 东南沿海又有日本倭寇的侵扰活动, 政治局势动荡不安, 封建统治很不稳定。针对这种状况, 朱元璋大力强化封建专制的中央集权制度, 以加强对内镇压敌对势力, 对外保卫国土的力量。

明初时期的官僚机构基本上沿袭了元朝的制度, 经过几年的统治实践, 朱元璋逐渐认识到其中的弊病, 认为这种体制很不理想, 特别是中书省的丞相, 权力过大, 容易产生擅权专恣, 皇权旁落的弊端, 于是朱元璋决心进行改革。

　　行政机构的改革，首先要从地方上入手。元朝的行中书省是从大都的中书省分离出来的，它总管一省的行政、军事和司法，职权很大，后来四方起兵，中央根本指挥不动，俨然一个独立的王国。洪武九年（1376年），朱元璋首先宣布废除行中书省。分别设立承宣布政使司、都指挥使司和提刑按察使司，分管行政（包括财政）、军事和司法，分别担负行中书省的职责，三者分立又互相牵制，皆直接听从朝廷的指挥，便于中央的控制。防止了地

方权力过重。接着，又进行了中央行政机构的改革。中央机构改革的重点是废除丞相制。明初中书省负责处理天下政务，地位最高。其长官为左、右丞相，位高权重，丞相极易与皇帝发生矛盾，明朝时以胡惟庸任相后最甚。

洪武十三年(1380年)，有人告发中书省丞相胡惟庸的不法行为，朱元璋以擅权枉法的罪名将他抄家灭族，宣布撤销中书省，罢黜丞相，并相应提高史、户、礼、刑、兵、工等六部的地位，由六部分理朝政，直接对皇帝本人负责。这样，丞

相的职权实际上就由皇帝来兼使，各行省的权力集中到中央之后，也就都集中到皇帝一个人的手里，朱元璋成了中国历史上权力最大的君主之一。

在军事上，原来设有大都督府，统领全国所有卫所的军队。后来，朱元璋觉得大都督府的权力太大，在废除中书省的同时，朱元璋又废除了管理全国军事的大都督府，将其分为中、左、前、后、右五军都督府，分别统领所辖的卫所军队，并和兵部互相牵制。并规定都督府只管军籍和军政，而由兵部掌握军令的颁发权和军

官的铨选之权，若遇到战争，调遣军队和任命将帅均由皇帝决定。在皇帝作出决定之后，兵部发出调兵命令，都督府长官奉命出为将帅，带领所调集的军队出征。一旦战事结束，将帅即需交还将印，回到原职办事，军队也立即回归原来的卫所。经过这一改革，军权也集中到皇帝一个人的手中。但是朱元璋对将领们还是放心不下，觉得他们毕竟不是朱家皇室的人，

未必可靠。他又实行分封藩王的制度，把他的儿子们封到各个重要的城市中去做亲王，用以监视驻守各地的将领。这些藩王都拥有一支护卫兵，少则三千人，多的达到一万九千人。他们还拥有指挥当地卫所守镇兵的大权，遇到紧急的事情，封地里的卫所守镇兵，在接到盖有皇帝御宝的文书的同时，还必须有亲王的令旨，才能调动。这样，亲王事实上就成为皇帝在

地方的军权代表，他们代替皇帝监视各地的将领，起到屏藩王室，翼卫朝廷的作用。

经过一番改革和经营，朱元璋把全国的军政大权都集中到中央，最后统一归皇帝一人掌握，封建专制主义的中央集权制度发展到了高峰。朱元璋认为这套严格的统治制度，是确保朱家王朝"万世一统"的最好制度，特地编写制定了一部《皇明祖训》，要求他的子孙必须世代遵守，不可加以改变。

(二) 打击贪官

在强化专制主义的中央集权统治的同时，朱元璋还严厉整肃吏治。元末吏治的腐败，激起了大规模的农民起义，这给了朱元璋深刻的教训。

朱元璋出身贫苦，从小饱受元朝贪官污吏的敲诈勒索，他的父母及长兄死于残酷剥削和瘟疫，自己被迫从小出家当和尚。他说："老百姓的力量是可怕的。如果当权者办事不当，上违天意，下失民心，发展下去，天怒人怨，没有不灭亡的。"所以，

在他参加起义队伍后就发誓：一旦自己当上皇帝，先杀尽天下贪官。朱元璋即皇帝位后没有食言，果然在全国掀起轰轰烈烈的"反贪官"运动，矛头直指中央到地方的各级贪官污吏。他召见文武百官，对他们宣布："我从前在民间时，看见州县的官吏大多不爱惜百姓，他们往往贪财好色，饮酒废事，对民间的疾苦无动于衷，我的心里恨透了。如今要严肃法纪，发现贪官污吏和虐待百姓者，坚决治罪，决不宽恕。"

中央的监察机关原来称为御史台，朱元璋在洪武十五年 (1382年) 把它改为都察院，下设十三道监察御史。都察院的职权是监察百官，辨明冤枉，凡有大臣奸邪、小人构党、擅作威福、扰乱朝政，或者贪污舞弊、学术不正、变乱祖制者，都要随时检举弹劾，十三道监察御史在朝监督一切官僚机构，出使到地方则是巡按、清军、提督学校、巡盐、巡茶、巡马、监军等，他们的官阶只有七品，但是他们什么

话都可以说，什么大官都可以告发。特别是巡按御史权力更大，他代表皇帝出巡，按临所至，小事立断，大事也可直接奏请皇帝裁决。此外，在中央还设有六科给事中，负责监督六部官吏，并与都察院互相纠举。这些"天子耳目风纪之司"，起着为皇帝排除异己的鹰犬作用。

明政府制定了许多法律章程，对各级官吏的职权、任务以及应当遵守的事项，都做出了详细的规定。对官吏的违法乱纪行为，也定出了具体的惩处办法。

朱元璋对贪污的官吏的处罚是非常严格的。例如朱元璋规定对贪污六十两银子以上的官员格杀勿论。当他发现御史宇文桂身藏十余封拉关系拍马屁私托求进的信件后，立即派人对中央各部和地方官府进行调查。结果显示从上到下贪污

腐败现象极其严重,他龙颜大怒,立即诏令天下:"奉天承运,为惜民命,犯官吏贪赃满六十两者,一律处死,决不宽贷。"并称:从地方县、府到中央六部和中书省,只要是贪污,不管涉及到谁,决不心慈手软,一查到底。

朱元璋敢于从自己身边"高干"开刀。胡惟庸是凤阳定远人,洪武五年(1372年)由右丞相升任左丞相。胡惟庸在被罢官之前,仗着自己的丞相地位,骄横跋扈,专恣擅权,朝中生杀罢黜之事,

他往往不待奏闻即自行决断。内外诸司的奏章，他必先行拆阅，于己不利的即藏匿不报。他还大肆结党营私，排斥异己。朝廷内外的势利之徒，竞相向他贿赂，奔走于他的门下，形成一个势力集团，威胁皇权。此外，他私自收受的金帛、名马、珍宝、器玩不可胜数。开国大将蓝玉，居功自傲，私蓄奴婢数千人，恃势横暴，在军擅自罢免将校，进止自专，不听命令，北征回来，夜过喜峰口，守关将士未及时开关迎纳，他纵兵毁关而入。明政府明令禁止

贩卖私盐，他令家人私行贩卖，破坏盐法。他侵占东昌民田，御史按问，他竟下令驱逐御史。功臣宿将的腐化堕落，妨碍着统治效能的提高。1378年，朱元璋决定对中书省采取行动。

一天，胡惟庸的儿子骑马在大街上横冲直撞，结果跌落马下，被一辆过路的马车轧了，胡惟庸将马夫抓住，随即杀死。朱元璋十分生气。十一月又发生了"占城贡使"事件。占城贡使到南京进贡，把象、马赶到皇城门口，被守门的太监发现，报与朱元璋，朱元璋大怒，命令将左丞相胡惟庸和右丞相汪广洋抓进监狱。但是，两丞相不愿承担罪责，便推说接待贡使是礼部的职责，于是，朱元璋便把礼部官员也全部关了起来。

两相入狱，御史们理解了皇上的意图，便群起攻击胡惟庸专权结党。于是，1380年，朱元璋以擅权枉法的罪名处死了胡惟庸和有关的官员，同时宣布废除中书省，以后不再设丞相。

明初的中书省下属吏、户、礼、兵、刑、工六部。大量留用元朝的旧官吏，以及一些靠造反起家的功臣。可他们有恃无恐，贪赃枉法。朱元璋决意对这些官员进行惩处。

洪武十五年（1382年），户部官员与地方官府勾结，预先于空白报表盖印然后私自填充虚假支出数额，营私肥己，贪污财物。朱元璋发现后，立即将各地衙门管印的长官全部处死；副长官打百棍边疆充军。三年后，又查出户部侍郎郭桓和各司郎中、员外郎与各地到中央缴纳课税的官员结成贪污团伙，采取多收少纳、捏报侵欺手段，贪污国库物资，折合粮食达两千四百万石的犯罪事实。他将这些贪官统统处死，各省、府、县牵连人员无一幸免，一时几万贪官人头落地，受到不同程度处理的人就更多了。洪武二十五年，户部尚书赵勉伙同

老婆内外受贿十几万银两东窗事发，结果夫妻二人双双成了刀下鬼。

洪武十六年（1383年），刑部尚书开济接受一死囚家贿银万两，用另一死囚做替死鬼。他还勒索其他罪囚家人钱物，并导致一家二十口人全部自杀的悲剧。洪武十九年，刑部郎中、员外郎受贿虚报死亡并私放两死囚。这些大贪官都被朱元璋斩首。洪武十八年（1385年），工部许多官员借营建宫殿之机，虚报工匠、工役人数和天数多领工银，发放时克扣工钱以便私吞银两。朱元璋在一次突击检查中就查处了侍郎韩铎、李桢贪污受贿案，并且带出了中央专门派去监督工部的工科给事中。兵部侍郎王志把征兵之机当做生财之道，接受逃避服兵役的世袭军户所送贿银达二十三万两。朱元璋把他也送上了断头台。洪武十九年（1386年），礼部侍郎章祥伙同员外郎辛钦，竟然私自

侵吞皇帝赏赐公主婚礼的银两，也被朱元璋拿了个正着。朱元璋为了监督各级官吏行为，专设都察院御史和六科给事中职位。然而这些监督部门也被腐化了。洪武十九年，都察院御史刘志仁奉命去淮安处理一宗案件。到达后他故意拖着案子不审，吃了原告吃被告，勒索两家许多钱

物, 还诱奸良家民女, 后被朱元璋处死。
朱元璋又查出六科有六十一个给事中存
在不同程度的贪污受贿行为, 于是一一做
了处理。

朱元璋发明"剥皮实草"的残酷刑
法处置贪官。一天, 朱元璋在翻阅一批
处死贪官的卷宗时突发奇想: 百姓痛恨
的贪官一刀斩首太便宜了他们, 何不采取
挑筋、断指、断手、削膝盖等酷刑? 他还

创造了"剥皮实草"刑法，把那些贪官拉到每个府、州、县都设有的"皮场庙"剥皮，然后在皮囊内填充稻草和石灰，将其放在被处死贪官的公堂桌座旁边，以警示继任之官员不要重蹈覆辙，否则，这个"臭皮统"就是他的下场。这种触目惊心的举措震慑了一批官员，使他们行为大为收敛。

朱元璋对自己培养的干部决不姑息迁就。为了培养和提拔新力量，朱元璋专门成立了培养人才的国子监，为没有入仕的年轻读书人提供升迁机会。他对这些新科进士和监生厚爱有加，还经常教育他们要尽忠至公，不为私利所动。然而洪

武十九年，他派出大批进士和监生下基层查勘水灾，结果有一百四十一人接受宴请，收受银钞和土特产品。朱元璋在斩杀他们时伤心得连连叹气。

朱元璋制定整肃贪污的纲领——《大诰》。以近两年时间编纂的《大诰》一书是他亲自审讯和判决的一些贪污案例成果的记录，书中还阐述了他对贪官的态度、办案方法和处置手段等内容。朱元璋下令全国广泛宣传这本书，还叫人节选抄录贴在路边显眼处和凉亭内，让官员

读后自律，让百姓学后对付贪官。

　　作为开国之君的朱元璋，"人在政举"，借助自己的崇高威望，以极其残酷的法律严惩贪官污吏。其决心之大、力度之强、措施之精确，起到了强烈震慑作用。朱元璋从登基到驾崩，他的"杀尽贪官"运动贯穿始终，从没有减弱，但贪官现象却没有根除。他晚年只能发出"为何贪官如此之多，早晨杀了，晚上又生一拨"的哀叹。

　　另外，朱元璋还采取了一些抑制豪

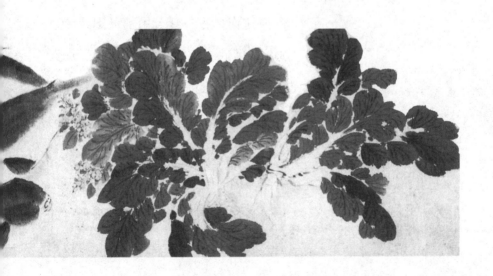

强的措施。豪强地主占有大量的土地，在乡里横行霸道，欺凌百姓，是造成社会动荡的一个重要因素。朱元璋几次下令把江南的富户迁到中都凤阳或者京师。如洪武二十四年 (1391年) 迁徙天下富民五千三百户到京师，后又移富民一万四千三百余户以实京师。迁到京师的富户，还被强迫承担各种差役。据说修筑南京城的时候，朱元璋下令富豪沈万三出资修建城墙的一半。这些豪强地主迁离乡土，减少了当地百姓所受到的欺凌和压榨。

朱元璋的这些措施，加强了国家的统一，并使社会矛盾得到了一定程度的缓和，政治局面也日渐趋于安定。他希望这种安定的局面能够长期保持，不再发生动荡。每日黄昏，便令专人在道路上敲打木铎，高声呼喊："和睦乡里，教训子孙，个安生理，毋作非为！"五更时，又派专人在城门谯楼上吹起号角，高声唱道："创业难，守成又难，难也难！"

(三) 诛杀功臣

明洪武十三年 (1380年) 胡惟庸案发后, 朱元璋即以胡惟庸案为武器, 将胡惟庸的罪名逐步升级, 由擅权枉法到私通日本, 再升级到私通蒙古, 最后发展到串通李善长谋反, 朱元璋以专权枉法之罪杀了胡惟庸后, 把与胡惟庸有亲戚、同乡、故旧或其他关系的臣属加以连坐株连, 以致最后受牵连而被杀者达三万多人,

最后太师韩国公李善长也受牵连，77岁的李善长全家被杀。

接着，朱元璋又于1393年杀掉功臣蓝玉。蓝玉是明朝开国大将，被朱元璋封为凉国公。1391年，四川建昌发生叛乱，朱元璋命蓝玉讨伐，临行前，朱元璋面授机宜，命蓝玉手下将领退下，连说三次，竟无一人动身。然而蓝玉一挥手，他们却立刻没了身影。这使朱元璋下决心要除掉蓝玉。1392年的一天，早朝快结束时，锦衣卫指挥使参奏蓝玉谋反，朱元璋随即令人将其拿下，并由吏部审讯。当吏部尚书詹徽令蓝玉招出同党时，蓝玉大呼："詹徽就是我的同党!"话音未落，武士们便把詹徽拿下，审判官们目瞪口呆，不再审了。三天后，朱元璋将蓝玉杀死，抄斩三族，并连坐族诛和蓝玉关系较为密切的将帅一万五千人。胡、蓝两案，前后共杀四万人。两个大案之外，其他的开国功臣，包括朱元璋自己的亲侄子朱文正、亲外甥李文忠等，也分别以各种罪名被加以诛戮，只有少数人侥幸逃脱了被杀的厄运。

对于朱元璋的滥杀，皇太子朱标深表反对，曾进谏说："陛下诛戮过滥，恐伤和气。"当时朱元璋没有说话。第二天，他故意把长满刺的荆棘放在地上，命太子捡起。朱标怕刺手，没有立刻去拣，于是朱元璋说："你怕刺不敢捡，我把这些刺去掉，再交给你，难道不好吗？现在我杀的都是对国家有危险的人，除去他们，你才能坐稳江山。"然而朱标却说："有什么样的皇帝，就会有什么样的臣民。"朱元璋大怒，拿起椅子就扔向太子，朱标只好赶紧逃走。

(四) 加强控制

为了加强对臣民的控制，在地方上，朱元璋还设置了巡检司。巡检司遍设于全国各府县的关津要冲之地，专门盘查过往的行人，负责把关盘查、缉捕盗贼、盘诘奸伪。军民的行动一概限制在百里之内，如走出百里之外，必须事先请领路引，巡检司才能让他通过关津。

由于朱元璋是开国皇帝，明初皇帝的力量比较强大，到了明朝中后期文官的力

量才变强大起来。朱元璋利用特务机构，派出大量名为"检校"的特务人员，遍布朝野，暗中监视。洪武十五年(1382年)，出于监控官员的需要，朱元璋将管辖皇帝禁卫军的亲军都尉府(前身是拱卫司)改为锦衣卫，并授以侦察、缉捕、审判、处罚罪犯等权力，这是一个正式的军事特务机构，由皇帝直接掌控。它有自己的法庭和监狱，俗称"诏狱"，诏狱里采取剥皮、抽肠、刺心等种种酷刑审问和处罚犯人。朱元璋还让锦衣卫在朝廷上执行廷杖，有很多大臣惨死杖下，工部尚书薛禄就是这样被活活打死的。

吏部上书吴琳告老还乡后，朱元璋曾派特务到他家乡侦察他的活动，见一个农民模样的人从小凳上站起来，下稻田插秧，问道："这里有个吴尚书，在吗？"那人拱手回答："吴琳便是。"这个特务回去报告，朱元璋听了很高兴。博士钱宰被调到南京编纂《孟子节文》，罢朝回家，信

口吟诗曰："四鼓冬冬起着衣，午门朝见尚嫌迟，何时得遂田园乐，睡到人间饭熟时？"在旁监听的特务向朱元璋报告了这件事。第二天上朝，朱元璋对钱宰说："昨天作的好诗！不过我并没有'嫌'你啊，改作'忧'字怎样？"钱宰一听，吓出了一身冷汗，连忙磕头谢罪。有一次，大学士宋濂在家请客，特务立即向朱元璋报告。第二天宋濂上朝，朱元璋问宋濂:"昨天在家喝酒没有? 请了哪些客人, 吃的什么菜肴?"宋濂一一照实回答。朱元璋笑了笑对宋濂说:"说得都对, 你没有骗我。"

有的时候, 朱元璋还亲自出马, 对臣僚搞特务侦察。弘文馆学士罗复仁秉性耿直, 能言善谏, 但因为他原来是陈友谅的部下, 朱元璋对他很不放心。有一天, 朱元璋想看看罗复仁在家干什么, 就亲自跑到城郊罗复仁的家中去私访。罗复仁正在粉刷他的几间破房子, 他见到朱元璋到来, 忙叫妻子抱过来一个小凳让朱元璋坐。朱元璋见状, 把他夸奖了一通, 说:"贤士怎么能住这样破烂的房子?"于是朱元璋下令赐给他一座城里的大宅第。

（五）兴文字狱

1370年，朱元璋下令设科取士，规定以八股文作为取士的标准，以"四书""五经"为题，不允许有自己的见解，必须依照古人的思想。

同时，对于不肯合作的地主知识分子，朱元璋则想尽办法加以镇压。

明朝建立后，有一部分地主阶级文

人认为朱元璋是发迹于起义军的贫苦农民，不配当坐金銮殿的皇帝，不肯同他合作。还有些在元朝做过大官的地主文人，因为怀念旧主的恩情，"身在江南，心思漠北"，不愿意为新朝廷效劳。他们采取自杀、自残肢体、逃往漠北或者隐居山林等各种办法，拒绝明朝的征调，不肯出来做官。朱元璋便使用各种严刑酷法，严厉加以镇压。贵溪儒士夏伯起叔侄两人，斩断手指，拒不出仕。朱元璋把他们抓来审讯，问他们："过去世道动乱的时候，你们

住在何处？"他们回答说："红寇乱时，避
居在福建、江西两省交界处。"朱元璋大
怒，认为他们把红巾军骂作红寇，影射攻
击他是用不正当的手段夺得的天下，下令
把他们押回原籍处死，并规定今后士大
夫凡是不肯为君主效劳的，一概"诛其身
而没其家"，通通杀头抄家。后来，朱元
璋又逐步加强思想统治，制造了一系列的
文字狱，屠杀了一大批因为文字触犯禁忌
的地主文人。

朱元璋出身贫寒，并且早年做过和

尚，所以十分忌讳"光""秃"等字眼，就连"僧"也不喜欢，甚至连和"僧"读音差不多的"生"也同样厌恶；他曾参加过红巾军，因此不喜欢别人说"贼""寇"，连和"贼"读音相近的"则"也厌恶。有好多人因此送命，如浙江府学林元亮替海门卫官作《谢增俸表》，其中有"作则帝宪"一语；杭州府学徐一夔表文中有"光天之下""天生圣人，为世作则"等语。朱元璋便硬说文中的"则"是骂他做"贼"，"光"

是光头，"生"是僧，是骂他做过和尚。据说，有一年元旦夜里，朱元璋外出，发现一则灯谜：上画了一个女人，手里抱着一个西瓜，坐在马背上，其中马蹄画得特别大。对此，朱元璋大怒，认为这是暗讽马皇后是个大脚，于是即命查缉，将作灯谜的人杖责至死。状元张信奉训导诸王子时用了杜甫的诗句"舍下笋穿壁"为字式，竟也惹得朱元璋大发脾气，说他是讥笑天朝，下令处以腰斩之刑。

文字狱从1384年一直延续到1396年，长达十三年，造成了人人自危、不敢提笔的局面，以致文官们不得不请求设计出一种标准的文牍的措辞，以免犯忌。

(六) 休养生息

明朝建立伊始,中华大地经过近二十年战乱的破坏,田地荒芜,经济凋敝,到处是破烂不堪的景象。河北平原遭受战争的破坏最为严重,很多地方道路阻塞,积骸成丘,人烟断绝。文化一向比较发达的汉中地区,也是荒草丛生,虎豹啸吟。往日的繁荣胜地扬州,被朱元璋的军队攻

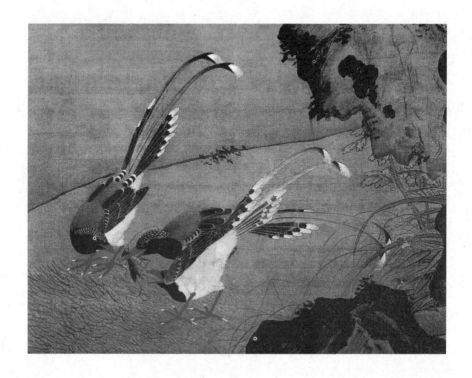

占之后，城中仅余居民十八家。人民力竭财尽了，地主贵族难以榨取地租，封建政府的税源也近于枯竭。面对此情形，为了巩固封建统治的经济基础，朱元璋下决心推行"休养生息"的政策，大力恢复和发展生产。明洪武元年（1368年），朱元璋刚称帝不久，外地州县官来朝见，朱元璋对他们说："天下初定，老百姓财力困乏，像刚会飞的鸟，不可拔它的羽毛；如同新栽的树，不可动摇它的根。现在重要的是休养生息，让他们生产。"他要求各级官

吏把"田野辟,户口增"作为头等大事来抓,并规定官吏的考核都要上报农桑的治绩,违反的要降职、处罚。

农业是封建社会最主要的生产部门,受到朱元璋的特别重视。在封建时代,恢复和发展农业的主要措施是奖励垦荒和实行屯田。经过元末的农民战争,不少官僚地主死亡逃散,他们霸占的土地有的回到了农民的手中,有的则荒废了。朱元璋下令,凡是战争中抛荒的田地,被他人耕垦成熟的就成为耕垦者的产业,如果原来的田主回来,则由官府另外拨给同等数量的荒地作为补偿。这实际上是对农民在战争中取得的胜利果实的一种承认。

对那些无主的荒地,朱

元璋则鼓励农民积极开垦。

明洪武元年 (1368年)，朱元璋接受大臣建议，鼓励开垦荒地，并下令：各处荒芜的土地，允许百姓开垦，永为业田，并且全部免三年租税。他还采取强制手段，把人多地少地区的农民迁往地广人稀的地区；对于垦荒者，由政府供给耕牛、农具和种子；并规定免税三年，所垦之地归垦荒者所有；还规定农民有田五至十亩的，必须栽种桑、棉、麻各半亩，有田十亩以上者加倍种植。这些措施大大激

发了农民垦荒的积极性。过了两年，又规定北方郡县荒芜田地，不限亩数，授予无业的农民耕种，每户十亩，另给菜地二亩，有余力多种的，则不限亩数，并全部免除徭役三年。后来还规定，在陕西、河南、山东、北平等布政司以及凤阳、淮安、扬州、庐州等府，允许农民尽力开垦荒地，官府不得征派赋税。许多逃亡的农民纷纷回乡垦荒，变成了拥有小块土地的自耕农。

此外，明朝政府还大力推行屯田。屯田包括了民屯、军屯和商屯。民屯主要是迁徙无业的农民和降民、罪徒，从地狭人稠的地区前往地广人稀的地区去垦荒屯种，由政府发给路费，有的还发给耕牛、农具和种子，三年不征赋税。如洪武三年 (1370年)，迁徙苏州、松江、嘉兴、湖州、杭州的无业农民四千多人到凤阳屯垦，又迁徙沙漠遗民三万二千余户到北平屯种，还迁徙山西泽州(今山西晋城县)、潞州(今山西长治)民到河北。整个洪武时代，屯垦的移民总数估计达到几十万户，他们后来大多也变成了小自耕农。

军屯由卫所军队管理。明军士屯守比例是：边地军队三分守城，七分屯田；内地军队二分守城，八分屯田。每个军士由政府拨给五十亩土地，并提供种子、耕牛和农具，屯田的头几年不必纳税，后来每亩地交税一斗，其余的收获物留本卫所作为军粮。明朝初年全国有一百多万军队的军粮，大部分出自军屯的收入，朱元璋曾

自夸说:"我养兵百万,不费百姓一粒米。"

商屯是军屯的一种补充。开始,明朝政府实行"中盐法",令商人运粮到边境的卫所,然后发给价值相等的盐引,商人再持盐引到产盐区领取食盐,运到指定地区销售。后来,商人干脆在边塞地区招募农民垦荒,就地缴粮,以减省运费,这便出现了商屯。军屯和商屯的发展,使边境大量的荒地得到了开发,促进了边疆地区的经济发展。

为了恢复和发展生产，朱元璋十分重视兴修水利和赈济灾荒。在即位之初，朱元璋就下令：凡是百姓提出有关水利的建议，地方官吏须及时奏报，否则加以处罚。后来，又特地指示工部大臣："凡是陂、塘、湖、堰可以蓄水泄水、防备旱涝的，都需根据地势加以修治。"明洪武年间，兴修了许多大规模的灌溉工程，有的工程投入人工达数万，可灌溉田地

万顷至数万顷。如洪武六
年 (1373年) 疏浚开封府自
小木到陈州沙河口18闸，投
入人工达到25万，两年后疏
浚泾阳洪渠堰，可灌溉泾
阳、三原、醴泉、高陵、临
潼一带田地200余里。洪武
二十四年 (1391年) 治理定
海、东湖，可灌田数万顷；

次年开凿溧阳银墅东坝河道4300多丈，
从嘉兴等州调集民工多达359700人。更重
要的是督促各地的官员组织劳力，利用
农闲时期，大力修建中小型水利工程。例
如洪武二十七年 (1394年) 派遣国子监生
分赴全国各地，督促吏民兴修水利。到洪
武二十八年 (1395年)，全国共开塘堰大
约40987处，疏通河流大约4162道，陂渠
堤岸5048处，成绩卓然。朱元璋在位不过
31年，就修建了这么多的水利工程，这在
中国历史上并不多见。另外，朱元璋还很

注意对水利工程的保护。明朝的法律规定，对盗决河防陂塘者都要处以重刑，负责水利的官员不修河防或者修治不及时的，也要处刑。

为了调动广大农民的积极性，朱元璋还采取措施提高农民的社会地位。元朝的农民对地主存在强烈的人身依附关系，法律规定佃户见地主要行仆人对主人之礼，地主打死佃户只需杖一百七十下的刑罚，再交纳烧埋银五十两，便可了事。明政府规定，佃户见地主行小辈对长辈之礼，并取消了元朝法律中关于地主打死佃户只需杖一百七十下、征烧埋银五十两的规定。农民对地主的依附关系，有了一定的松弛。元

代蓄奴的风气很盛行，权贵勋戚都拥有大量的奴婢、驱丁，有的多达数千名。在元末农民战争的风暴中，不少奴隶摆脱了主人的束缚，赢得了自由，但也有一些农民因为饥荒又沦为奴隶。朱元璋下令，凡是在战乱中被迫为奴的，主人必须立即释放，恢复他们的自由民身份。并下令由政府出钱，赎还因饥荒而典卖的男女。明洪武十九年（1386年），仅河南布政使司即赎还了开封等府典卖为奴的男女二百七十四

人。明朝法律还规定：功臣之家蓄养的奴婢不得超过二十人；庶民之家不得养奴，否则要受到杖一百下的刑罚，并将奴婢放还为民；凡收留人家迷失的子女、在逃的子女卖作奴婢，或冒认自由民为奴婢的，都要处以重刑。

在改善农民地位的同时，朱元璋又设法减轻农民的负担。因为朱元璋出身农民，深知灾荒给农民带来的痛苦，在他即位后，常常减免受灾和受战争影响的地区农民的赋税，或给以救济。通过元末农民战争，朱元璋深深地认识到对百姓如果榨取过甚，就会激起强烈的反抗。朱元璋即位后，他反复强调，要把赋税徭役的征派控制在一定的限度之内，"取之有制，用之有节"，不可只顾眼前的利益，竭泽而渔，把老百姓榨得一干二净。明初制定的服役法，规定民田一般亩征税粮五升三合五勺，按当时亩产最低一石而言，为

三十税一。徭役一般是有田一顷出丁夫一人，每岁在农闲时赴京师服役三十日，比元末也减轻许多。由于经过长期的战乱，元代的户口和土地簿籍已经大部分

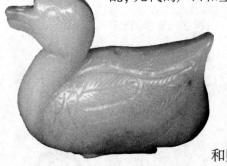

丧失，保存下来的也同实际不相符合。地主便乘机隐瞒丁口和田产，逃漏徭役和赋税，把负担转嫁到农民身上。官吏也上下其手，乘机舞弊贪污，额外地加重农民的负担。朱元璋下令在全国普遍清查户口，丈量土地，于洪武十四年 (1381年) 和洪武二十年 (1387年) 编制赋役黄册和鱼鳞图册，作为征派赋役的依据。黄册编定后，又对徭役作了一番整顿。这就在一定程度上限制了豪强地主隐瞒丁口田产、逃避赋役的状况，使负担相对均平，从而减轻了农民的负担。

朱元璋还十分爱惜民力，他深知农民的辛劳，因此提倡节俭。他说："士农

工商四业之民，算农民最为辛苦。他们终年勤苦劳作，难得休息。遇到丰收年头，还可以吃饱，碰上水旱灾害，则全家挨饿。我穿件衣服吃顿饭，总要想到种地织布的艰难劳累。"因此，他比较体恤民情，注意勤俭节约，力戒奢侈，惜用民力，以便减轻百姓的负担。有个内侍穿着新靴在雨中走路，朱元璋把他训斥了一顿。另一个散骑舍人穿着一件极其华丽的新衣，朱元璋问他："这衣裳花费多少钱？"他回答说："五百贯。"朱元璋就说："五百贯，这是一个数口之家的农民一年的生活费，你却用来做了一件衣裳，如此骄奢，实在是太糟蹋东西了。"他不仅要求别人节俭，对自己也是如此。他说："所谓俭约，非身先之，何以率下？"洪武八年(1375年)改建大内宫殿，他指示左右大臣："我现在只要求把宫殿建得坚固耐用，不追求奇巧华丽，凡是雕饰奇巧，一概不用。只有

朴素坚壮，才可传之永久，使我的子孙后代世守为法。至于台榭苑囿之作，劳民费财，以事游观之乐，这是我所不为的。"还让人在墙上画了许多历史故事，以提醒自己。按惯例，朱元璋使用的车舆、器具等物，应该用黄金装饰，朱元璋下令全部以铜代替。主管的官员报告说用不了很多黄金，朱元璋却说，他不是吝惜这点黄金，而是提倡节俭，自己应作为典范。他祭祀郊庙，拜褥的褥心用红布做成；乾清

宫睡觉的御床，金龙画得很淡，若有若
无，与中产人家的卧榻没有多大的区别；
每日早膳，只用蔬菜就餐。在他的影响
下，后妃也都注意节约，穿的都是洗过几
次的旧衣裳，从不过分梳妆打扮，唯恐剥
伤民财。朱元璋还严格控制大规模的营
建工程，地方上修建大型工程，一律要报
请批准，才许动工。凡是不急需的工程，
都要尽量缓建。一般工程，尽可能安排在
农闲的时候进行，以免耽误农时。他还根
据各地的具体情况，多次下令减免赋役，
遇到灾情，则赈济钞、布、粮食，帮助农民
渡过灾荒。这些措施，也在一定程度上
减轻了农民的负担。

　　除了农业，朱元璋对手工业和商业
的发展也颇为重视。朱元璋在抓农业生

产的同时，特别注意抓经济作物的种植。明朝建立前，他在江南占领区就下令：凡农民有田五亩到十亩的，栽种桑、麻、棉花各半亩，十亩以上加倍，田多的按比例递加。明朝建立后又把这个命令推广到全国各地。后来，朱元璋还让户部命令全国百姓多种桑、枣、柿和棉花，每户初年种桑、枣二百株，次年四百株，三年六百株，违令的全家充军。多种棉花的免税。为了鼓励农民尽量多种，洪武二十八年(1395年)还下令：洪武二十六年以后栽种的桑、枣、果树，不论多少，都免除赋税。经济作物的发展，特别是棉花的普遍种植，既为手工业生产提供了原材料，又促进了商业的繁荣。朱元璋还改革了元代工匠常年服役的制度。洪武十九年(1386年)

规定，工匠每三年赴京师服役一次，每次三个月。洪武二十六年（1393年）又制定了更加详细的工匠服役法，将工匠按照工种不同和赴京师服役的路程的远近重新编订班次，分为五年、四年、三年、两年和一年一班制，每班服役三个月，这种工匠称为轮班匠。另外一些固定在京城或各地官府做工的工匠，称为坐匠，每月服役十天。工匠在服役的时间之外，可以自由营业。在商税方面，朱元璋也作了整顿，规定三十税一，书籍农具免税，并裁撤税课司局三百六十四处。

在朱元璋"休养生息"政策的积极推动下，农民生产热情高涨。明初农业发展迅速，使得元末濒临绝境

的社会经济慢慢复苏和发展起来，农业的发展尤其突出，农村的残破景象得以改观。全国的垦田面积大量增加，到洪武二十四年（1391年）达到3874746顷，比洪武元年（1368年）扩大了一倍多。政府的粮税收入也随着增加了，洪武二十六年（1393年）达到32789800石，比元朝一年的粮税收入增加了近两倍。随着农业的发展，手工业和商业也日趋发达。

人口数也迅速上升，根据洪武二十六年（1393年）的统计，全国共有10652870户，60545812人，比元朝极盛时期的元世祖时代增加了195万户，700万人。在洪武年间经济发展的基础上，社会生产在以后的永乐、洪熙、宣德三朝继续上升，从而形成了一个"明初盛世"的局面。

(七) 紧抓教育

朱元璋在创立明王朝的过程中认识到，元朝之所以灭亡，除了统治者本身的素质以外，整个社会失于教化也是一个原因。因此，一登上皇位，他就采取了一系列强制措施，兴建学校，选拔学官，并坚持把"教育工作"作为衡量地方官政绩的重要指标。

洪武九年(1376年)六月，山东日照县知县马亮任职期满，入京觐见皇帝，州里

给他下的评语是"无课农兴学之绩而长于督运"。针对这个鉴定，朱元璋的批示是：农桑乃衣食之本，学校是风化之源，这个县令放着分内的事不做却长于督运，这是他的职责吗？结果，那位马县令不但没有晋升反而被"黜降"了。

除了政府官员要大力抓教育以外，朱元璋还要求直接担任教育工作的各级"教师"必须负起责任。洪武十五年四月，朱元璋任命吴颙为国子监祭酒。"国

立大学"的生源一部分是公侯、功臣子弟，一部分是从全国范围内选拔出来的有才华的人，因此，对这些人的管理有很大的难度。朱元璋对吴颙说，要搞好教育必须师道严而后模范正，师道不立则教化不行，天下学校就无从效仿。意思就是要大胆管理、严格教育。然而吴老先生却没有按照皇帝的旨意办事，不到一年，因为治纪不严，放纵不爱学习的武臣子弟，朱元璋就把他罢免了。

朱元璋认为，教育不仅是以文辞为务、记诵为能，从事教育的人要关心时

事，关注国计民生。洪武二十五年七月，全国各地到了任职年限的学正、教谕、训导 (不同级别的教师) 进京考绩，等待升迁。朱元璋借机向他们询问老百姓的生活情况，其中岚州 (属山西) 学正吴从权、山阴 (今绍兴) 教谕张恒都说不知道，声称这不是他们的职责，他们的任务只是教书。朱元璋听罢十分生气，举了宋朝儒士胡瑗的例子，并说，圣贤之道是用来济世安民的，你们连民情都不知道，天天教的都是些什么东西呢?结果可想而知,这两个人被流放到边疆去了。

其实,类似的事很久以前就发生过了。洪武十二年三月二十七日,退朝之后,朱元璋召儒臣谈论治国之道,大家畅所欲言,只有国子学官李思迪和马懿沉默不语。朱元璋极不高兴,把他们给贬职了。之后,在下发给国子监的"通报"中说:身为人师,应该"模范其志,竭胸中所有,发世之良能,不隐而训",李思迪和马懿,出身草野,现在能与皇帝议论国事,皇帝这么虚心请教,他们竟连一句话都不愿说,对皇帝尚且如此,还能指望他们尽心尽力教学生吗?

显然,对待"高级教师"(国子学官),朱元璋的标准更高了,除了关注国计民生,还要具备参政议政的素质。

四、身葬孝陵

同任何一个皇帝一样，朱元璋在生前也安排自己的后事。他将自己的陵墓修在了钟山南麓，称为孝陵。明孝陵方圆四十五华里，规模宏伟。1398年6月24日，71岁的朱元璋驾崩，葬于孝陵，谥号"圣神文武钦明应运俊德成功统天大孝高皇帝"，庙号"太祖"。明孝陵建于明洪武十四年（1381年），翌年马皇后去世，葬入此陵。因马皇后谥"孝慈"，故陵名称"孝

陵"。洪武三十一年 (1398年)，朱元璋病逝，启用地宫与马皇后合葬。

此外，朱元璋还继承了殉葬制度，且只殉葬妃嫔宫女。朱元璋死时生殉四十六名伺寝宫人；成祖殉三十余人，并且曾因权贤妃之死疑案而一次处死宫女两千八百余人；仁宗殉葬七名妃嫔；宣宗殉十人。"节烈从殉"的风气，向下广为延伸至宗室公侯、官宦之家以至民间，至英宗时才废止。杀死从殉妇女的方法是将她们吊死，她们的家属被称为"朝天女户"，可以得到一定的补偿待遇。

畫棟珠簾煙水中蕭蕭霞珮響玲瓏

無端千筆想見王南海軍借龍王

一陣風

晉昌唐寅為

德輔辭兄先生作詩意

五、历史评价

明太祖朱元璋是中国历史上少有的由平民取得天下的皇帝。朱元璋削平群雄、统一全国的同时，吸取历史的经验教训，着手稳固新建王朝的统治，制定一系列的政策和制度。以此形成了明初的盛世，也奠定了明朝二百多年的统治基础，这些历史功绩是值得肯定的。他在位期间，在政治、经济、军事、思想等方面大力加强君主专制的中央集权统治，并且达到了空前程度, 但他滥用刑罚, 屠戮功臣, 对当时社会和后世都产生了严重的阻碍作用。但总的来说, 朱元璋不愧是中国封建帝王中一个有作为、成就较为突出的人物。